AF358951

PROJET

D'une Arche en pierre, de *trente-six pieds* d'ouverture, faite à l'imitation des Ponts de charpente , pour épargner l'emploi de la pierre et du moëlon.

Par le Citoyen PERRONET,

Premier Ingénieur des Ponts-et-Chaussées de France , de l'académie des Sciences , de celle d'Architecture et de la Société d'Agriculture de Paris , de la Société royale de Londres , des académies de Stockolm , Berlin , Lyon , Rouen , Metz et Dijon.

A PARIS,

Chez MAGIMEL, Libraire pour l'art militaire et les sciences et arts, quai des Augustins, près le Pont-neuf.

M. DCC. XCIII.

PROJET

D'une Arche *en pierre*, *de* trente-six pieds *d'ouverture*, *faite à l'imitation des Ponts de charpente, pour épargner l'emploi de la pierre et du moëlon.*

Article Ier.

L'usage ordinaire est de tailler et de poser les pierres des voûtes avec coupe, en forme de voussoirs ; mais dans de certaines circonstances on pourroit les poser horizontalement ou obliquement sur leur longueur comme des pieces de charpente.

2.

Les historiens font mention d'un grand pont antique composé de pierres énormes qui ont été ainsi posées horizontalement. Le pont de Babylône, sur l'Euphrate, dont les arches en plate-bandes formées de pierres qui avoient 15 pas géométriques de longueur, ou 37 pieds et demi, et 5 pieds en quarré, produisant 937 pieds 6 pouces cubes, avoit été établi, selon Quint-Curce et Diodore de Sicile, en face des jardins que fit construire Sémiramis, vers l'an du monde 1784.

3.

Ce genre de construction fait connoître que dans ces temps reculés de l'antiquité, on ignoroit à Babylône l'art du trait pour la construction des arches, qui auroient été et plus solides et plus faciles à faire qu'en pierres posées horizonta-

A

lement ; mais si cet art étoit inconnu , on doit convenir
qu'il falloit aussi être fort instruit en méchanique pour trans-
porter des pierres aussi énormes que celles employées à ce
pont, qui devoient peser, chacune, environ 187,500 livres.
En évaluant le poids du pied cube à 200 livres, qui est celui
de granit ou autre pierre dure que l'on a dû y employer ,
et cela , au lieu d'environ 5 à 6,000 livres seulement que
pese chaque voussoir des plus grandes arches.

4.

Indépendamment de la difficulté de se procurer de grandes
pierres qui soient assez dures pour y faire passer de fortes
charges , lors même qu'elles seroient moins longues , cette
position horizontale les rend bien moins convenables pour
porter la même charge, que le bois qui est d'environ moitié
plus léger ; son élasticité lui donnant d'ailleurs la facilité
de plier sans se rompre, à cause de la position longitudinale de ses fibres, lorsque la pierre qui n'a pas cette liaison, sans cependant entièrement manquer d'élasticité , se
casse facilement sous la charge. Quand on a un grand intérêt de conserver cette position horizontale , on y supplée
en formant des plates-bandes avec des pierres nommées
claveaux , et posées en coupe comme des voussoirs ten-
dans à un même centre ; ce qui exige souvent de les fortifier avec des tirans et des ancres de fer appelés *armatures*,
qui sont incrustés dans la pierre : en outre de ces ancres ,
on se trouve obligé aussi de donner assez d'épaisseur au
pied-droit de ces sortes de voûtes plates pour qu'ils puissent ,
en servant de culées , résister à leur poussée, qui est d'autant plus grande que ces pied-droits sont plus éloignés entre eux les uns des autres.

(3)

5.

On peut aussi augmenter l'apparence de la difficulté de
ce genre de construction , en faisant les joints verticaux et
parallèles entre eux aux paremens des claveaux sur une cer-
taine épaisseur : par ce moyen, la coupe intérieure , qui en
fait la force, se trouve recouverte. C'estpourquoi on n'employe ordinairement les plate-bandes que dans les édifices
d'architecture , ainsi qu'on est obligé de le faire pour figurer les architraves des entrecolonnemens , quand on n'a pas
d'aussi longues pierres que celles de granit employées au
portail du Panthéon de Rome , et ailleurs.

6.

On doit, pour ces raisons, chercher dans la construction
des ponts , qui ont ordinairement plus d'ouverture que
l'espace des entrecolonnemens ci-devant cités , à disposer
les pierres obliquement , lorsqu'on est intéressé à supprimer les voussoirs usités pour les voûtes.

7.

Ces pierres , ainsi disposées obliquement , sont à longueur
et grosseur égales , plus propres pour résister à leur charge
qu'étant placées horizontalement , et cela d'autant plus que
cette obliquité approchera de la verticale ; elles se trouve -
ront alors fortifiées pour porter par leurs bouts dans la raison du sinus total au cosinus de l'angle formé par la longueur de la piece et la direction de la puissance , et la résistance de celles qui seront posées verticalement , sera dans
la raison composée du produit de sa largeur par le quarré

du plus petit côté , et la raison inverse du quarré de sa
longueur (*).

8.

C'est dans cette derniere position que les pierres , les
bois et toute autre matiere dure , résistent le plus aux far-
deaux dont ils sont chargés , ainsi que le sont les colonnes
et les piliers ; mais comme les pierres , étant ainsi placées
verticalement , ne peuvent convenir à des voûtes , on se
propose, en les arrangeant obliquement sur différens angles ,
de les substituer aux voussoirs dans le projet dont il s'agit,
ainsi qu'on l'a figuré sur le dessin ci-joint.

9.

On commencera par construire les culées et poser les
premiers voussoirs, d'après les naissances jusqu'à la hauteur
d'un angle de 30 degrés de chaque côté ; ce qui pourra se
faire sans le secours des cintres de charpente , en sorte
qu'il ne restera plus que les deux tiers de la partie supérieure de la voûte à fermer.

On prolongera les têtes de deux pieds , en élevant les
paremens des culées, depuis la derniere retraite d'en bas sur
un talus d'un pouce par pied, jusqu'à la hauteur de l'assise
qui doit servir de couronnement au pont.

10.

Cette partie supérieure de la voûte seroit faite en sept
travées, espacées également sur la largeur de 18 pieds qu'auroit le pont d'une tête à l'autre. Chaque travée seroit composée de 12 pierres qui auroient environ 6 pieds de lon-

---

(*) Essai de physique de Muschembroeck. Tom. 1er, page 556 et 560.

gueur sur 12 pouces de largeur et 15 pouces de hauteur. On recreuseroit le milieu de la largeur de la premiere assise sur 9 lignes de profondeur en forme de goutiere , ainsi qu'aux autres assises supérieures, qui seront également placées jointivement l'une sur l'autre , en formant une pareille saillie angulaire de 9 lignes aux assises du dessus , afin que les pierres ne puissent s'écarter de leur position verticale.

11.

Ces pierres seroient assemblées à leurs bouts en portion d'arc , dont le rayon auroit 6 pieds de longueur, dans d'autres pierres tendantes au centre de l'arche et figurant les moises pendantes d'un pont de charpente , en les faisant saillir de six pouces, d'après l'intrados de la voûte. Ces pierres auroient 12 pouces de largeur et 18 pouces d'épaisseur pour former un épaulement de 3 pouces au-delà des parcemens de celles qui y seroient assemblées , et on les recreuscroit , d'après le même rayon de 6 pieds , en forme de mortoise , dont le bas des premieres pierres entreroit de 18 lignes dans les moises pendantes ; en observant de laisser aux assemblages le jeu nécessaire pour la place des mortiers et le mouvement du tassement des pierres ; comme aussi de supprimer l'épaulement de 3 pouces , dont il est parlé ci-devant aux côtés intérieurs des moises , afin de pouvoir y revêtir celles qui doivent tenir lieu de voussoirs , et figurer les arbalétriers des fermes de charpente. Il faut de même encastrer ces premiers arbalétriers de trois pouces dans le dernier cours de ceux posés en des voussoirs qui termineront l'angle de trente degrés mentionné plus haut.

12.

Il sera posé deux tirans de fer de deux pouces de diamètre et de dix-huit pieds trois pouces de longueur ; l'un dans le
haut, et l'autre au bas de chaque moise pendante, à un pied
de leur extrémité.

13.

Ces tirans seront ébarbelés fortement sur l'épaisseur des
pierres de chaque ferme ; et leur passage, que l'on fera sur
le chantier, sera recreusé au ciseau avec inégalité dans leur
milieu, pour que leur scellement en plomb puisse les rete-
nir plus solidement dans ces moises : ces tirans formeront
tête d'un bout, et seront rivés à froid par l'autre bout à
l'affleurement du parement des pierres.

14.

Avant de poser ces tirans, on aura l'attention de bien
vérifier l'a-plomb des paremens des pierres, pour qu'elles
soient toutes bien placées dans des mémes plans paralleles et
verticaux. Il est aisé de s'appercevoir que l'on n'aura pas
besoin de cintres de charpentè pour poser toutes ces pierres, et qu'un pont provisionnel établi sur des pieux, ainsi
qu'on est dans l'usage de le faire pour la pose des cintres de
charpente et des voûtes ordinaires, pourra suffire avec
l'aide des chevalets et des tasseaux usités ; ce qui opérera,
seul, une grande économie sur la dépense, ainsi que plus
de facilité et de promptitude dans la pose.

15.

On peut aussi remarquer que les reins de maçonnerie qui
deviennent inutiles pour ce genre de construction, occa-

sionneront moins de poussée ; ce qui permettra de donner beaucoup moins d'épaisseur aux culées.

16.

Les fermes de pierre seront aussi maintenues dans leur position verticale avec des étrésillons ou espece de cloisons en pierre de 8 pouces d'épaisseur, 20 pouces de hauteur et 23 pouces et demi de longueur, qui seront établis avec encastrement de 2 pouces sur les tirans du bas des moises pendantes, et pénétrant par un angle saillant de demi-pouce le milieu de la longeur de chaque moise pendante, qui sera recreusé en goutiere également de neuf lignes sur la hauteur nécessaire, pour que ces especes de cloisons puissent être revêtues par le haut des moises pendantes.

17.

Le pont sera terminé à l'a-plomb des fermes, d'une assise de 12 pouces de large et 15 pouces de hauteur, et d'une pareille assise aux têtes, de 12 pouces seulement.

On posera également aux têtes une troisieme assise jointivement sur la précédente, de 18 pouces, dont 12 pouces pour la plinthe de couronnement avec talon renversé au-dessous, un pouce de jet d'eau au-dessus, et 5 pouces pour le socle qui sera destiné à recevoir la balustrade en fer servant de garde-fou de chaque côté du pont: cette plinthe aura 9 pouces de saillie d'après le parement de chaque tête du pont; et ces trois assises seront posées en pente de 3 pouces par toise de chaque côté du milieu de ce pont.

18.

On posera des liens de pierre de dix pouces de hauteur et 8 pouces de largeur, portant d'un bout sur les moises pendantes , et dirigées de l'autre bout vers le milieu du dessous de l'assise sur laquelle doivent être posées les dalles de pierre servant de couchis. Ces liens se contrebutteront par le haut sur moitié de la hauteur de la pierre avec ceux qui leur correspondront, et ne seront entaillés que d'un pouce dans l'assise du dessus , de même que dans les moises pendantes et par embrevemens , pour ne point trop affoiblir la pierre.

19.

Sur cette premiere assise on posera jointivement des dalles de pierre les plus dures, pour tenir lieu de couchis qu'on employe aux ponts de charpente. Elles auront 9 pouces d'épaisseur, environ 2 piéds de largeur et trois pieds moins 2 pouces de longueur , compris six pouces de portée à chaque bout sur ladite assise, au droit de laquelle on les entaillera d'un pouce.

20.

L'assise du dessous de la plinthe de couronnement sera entaillée de six pouces de largeur et de 8 pouces de hauteur par le bas au côté interieur, pour recouvrir les dalles du dessus du pont, afin qu'elles ne paroissent point à l'extérieur.

21.

Au-dessus des deux assises de pied-droit , se terminant aux naissances de l'arche, les culées auront 8 pieds d'épaisseur par bas , et seront réduites à 4 pieds au haut sous le le couronnement du pont , au moyen de trois retraites égales qui seront faites du côté des terres, et l'on posera trois assises de corbeaux de pierre au droit de fermes , dont le plus élevé aura 5 pieds de saillie et servira à appuyer d'un côté, la premiere moise pendante , observant de l'entailler

tailler d'un demi-pouce en goutiere, ainsi que le reste du
dessus de cette moise pendante, pour la maintenir dans sa
position verticale, de même qu'un angle saillant qui sera
fait dans l'assise superieure, comme cela doit avoir lieu
pour les autres assises mentionnées ci-devant et pour tous
les cas semblables; le tout, à l'effet de maintenir ces pierres
dans leur position verticale.

22.

Il sera fait des murs d'épaulement de 12 pieds de longueur parallèlement, et à 2 pieds en arriere des paremens
des culées sur la même épaisseur de 6 pieds par bas, qui
restera à ces culées; on les diminuera au derriere, de la
largeur des retraites dont il est parlé à l'article précédent,
en leur donnant un pouce de talus par pied de hauteur à leur
parement extérieur, lequel pourra être fait, ainsi que la
partie des culées d'entre les arbalétriers de pierre du pont,
avec du moëlon appareillé et piqué, au défaut de la pierre
de taille.

23.

Ces murs d'épaulemens seront terminés à leurs bouts
d'un pilastre de 5 pieds de largeur par le bas sur deux assises de pied-droits mentionnées ci-devant, et 4 pieds au
haut, en leur donnant 9 pouces de saillie d'après les paremens desdits murs d'épaulemens; le tout sera terminé
de l'assise de couronnement du pont et d'une autre au-
dessous.

24.

On posera un parapet de pierre de taille sur ces murs d'é-
paulement et pilastres de 2 pieds 6 pouces de hauteur, compris le bombement, et 18 pouces de parpin, en le terminant

d'un pilastre à chaque bout, de 3 pied de large et deux pieds d'épaisseur.

25.

Le dessus du pont sera recouvert d'un pavé formant revers de chaque côté, avec 4 pouces de pente jusqu'au ruisseau. Il sera établi à un pied plus bas que le dessus de la derniere assise des têtes du pont avec chaussée dans son milieu, de 6 pouces de bombement, le tout sur trois pouces de pente par toise de part et d'autre, d'après son sommet.

26.

Le bas de chaque revers du côté de la chaussée sera fait avec les plus forts pavés, qui feront alternativement liaison avec cette chaussée, pour empêcher le rouage qui pourroit s'y former sans cette précaution. Mais on aura l'attention de ne poser ces pavés, qu'après avoir scellé en plomb dans les dalles de pierre les boute-roues en fer de deux pouces en quarré, qui seront destinés, de six en six pieds, à garantir la balustrade de fer du choc des roues.

27.

On n'a pas besoin de dire que toute la pierre de taille doit être posée, coulée et fichée en bon mortier de ciment fin, et qu'indépendamment des tirans de fer mentionnés ci-devant, il faut placer des crampons et goujons scellés en plomb ou en soufre dans tous les endroits nécessaires pour lier solidement les pierres entre elles, afin de fortifier les assemblages qu'on ne peut faire aussi solidement en pierre qu'en charpente. On doit également ne démonter les échafauds que lorsqu'on aura remarqué qu'il ne se fera plus aucun tassement.

28.

Après la description que nous venons de faire du pont et qu'il sera plus facile de comprendre, ayant le dessin sous les yeux, il nous reste à examiner le poids total de la demi-voûte depuis le dessus des voussoirs qui seront posés en coupe dans la hauteur de 3o degrés, en partant des naissances et du parement de la culée ; et ensuite à calculer la force de l'une des trois travées d'entre les moises pendantes, qui figurent les cours jointifs des arbalétriers d'une ferme de charpente.

29.

Le poids total de ces matériaux, sans y comprendre les encorbellemens du haut des culées ni la partie supérieure qu'ils porteront sur leur saillie totale de 5 pieds, est, d'après le calcul détaillé qui en a été fait joint au présent mémoire, de 537,21 livres. Vo. l'état ci-après.

3o.

On doit considérer dans l'examen de la force résistante de ces especes d'arbalétriers qui sont destinés, à porter tout le fardeau de l'arche et des plus fortes charges qui doivent y passer, que ces arbalétriers sont disposés dans chaque travée d'entre les moises pendantes, de maniere que le poids dont ils seront chargés, n'agira qu'à leur bout dans une direction longitudinale, suivant la longueur des arbalétriers ; ce qu'il étoit essentiel d'observer, parceque la pierre n'ayant presque point d'élasticité, elle seroit facilement cassée si cette charge agissoit dans une direction qui fut perpendiculaire à leur longueur ; ensorte qu'elle pourra résister comme si elle étoit placée verticalement, ainsi que le sont

les colonnes et les piliers, après avoir fait la réduction qui doit
résulter de leur obliquité.

31.

M. Ganthey, inspecteur général des Ponts-et-Chaussées,
et moi, avons fait beaucoup d'expériences avec une machine
ingénieuse de son invention, et que j'ai déposée à l'Ecole na-
tionale et gratuite des Pons-et-Chaussées, sur la résistance
des pierres dures ainsi disposées verticalement ; laquelle machine peut, au moyen d'un levier, produire une compression
qui s'élève jusqu'à trente milliers. Il a reconnu que, d'après
150 expériences faites sur différentes qualités de pierre
d'un petit échantillon, la résistance moyenne pour la pierre
rouge de Givry, pesant 165 livres le pied cube, étoit de
6,048 livres par pouce quarré. Les autres expériences dont
on ne parle point, ont été faites sur de la pierre qui étoit
tendre en général. Les échantillons ont néanmoins supporté
une pression moyenne de 4,608 livres par pouce quarré.

J'ai aussi trouvé par mes expériences, que des échantillons de deux pouces de base en quarré, ou quatre de
superficie sur un pouce de hauteur, mentionnés ci-après,
ont supporté pour chaque pouce quarré, savoir ; celle de
Saillancourt, près Meulan, dont a été construit le pont de
Neuilly, ainsi qu'une grande partie de ceux de la liberté sur
la Seine, à Paris, et le pont Sainte-Maxence sur l'Oise,

	Charge de chaque po. quarré.	Poids du pied cube.
7,375 livres, dont le quart pour un pouce quarré est de (*) 1,843 livres, ci .	1,843 l.	152 l.
Grès du Banc-royal, dans la forêt de Fontainebleau	5,762	150
Grès du Rocher de Saint-Germain, dans la même forêt	7,382	164

(*) Ce qui est aussi conforme aux expériences faites par feu M. Souflot
sur cette pierre, avec la même machine.

Pierre de Langeac, en Auvergne . .	4,752	174
Pierre provenante d'un volcan de la même province	5,072	151
Autre de lave	2,772	139

33.

Ces expériences ont été répetées deux fois sur la même nature de pierre , et c'est leur charge moyenne pour un pouce quarré que l'on vient de donner , ainsi que le poids moyen du pied cube de chaque espece de pierre.

34.

Il résulte des expériences précédentes, compris celle faite par M. Gauthey sur la pierre rouge de Givry , que la charge moyenne supportée par ces échantillons , a été pour chaque pouce quarré de 4,804 livres, et le poids moyen du pied cube des différentes pierres de 156 livres.

35

On peut remarquer, par les différences assez considérables qui se trouvent dans ces expériences, que la résistance de la pierre n'est pas proportionnée à sa densité et à son poids ; ce qui doit provenir des différences physiques de leurs parties constituantes.

36

La superficie du bout des arbalétriers de pierre qui seront assemblés dans chaque moise pendante se trouvera, pour un seul côté de l'une des fermes, de 360 pouces ; chacun des deux arbalétriers jointifs devant avoir, comme on l'a dit ci-devant, 12 pouces de large sur 15 pouces de hauteur ; ce qui élevera leur résistance de compression à 1,729, 440 livres , à raison de 4,804 livres pour chaque pouce quarré ; et cette compression se trouvera répétée au droit des cinq autres albalétriers de chaque ferme.

37.

L'obliquité moyenne de ces arbalétriers réduira leur résistance à-peu-près au tiers ou à 567,480 livres , d'après la regle mentionnée article 7 , dont on prendra seulement le quart qui est de 144,120 livres , par raport aux défauts de la pierre et aux vices de construction.

38.

On a vû ci-devant que la charge totale de la demi-voûte, depuis le dessus des cours des voussoirs qui portent les naissances, devoit monter à 53,721 livres, en sorte que la résistance sera encore de près du triple de celle que donne le cas de l'équilibre ; à quoi il faut ajouter que de grosses pierres , telles que celles qui doivent être employeés aux ponts, sont beaucoup plus en état de résister à la pression de la charge que n'ont pû le faire de petits échantillons qui ont été soumis aux expériences mentionnées ci-devant ; ce qui donnera d'autant plus de sureté en faveur de la solidité.

39.

On doit cependant objecter que des pierres plus longues et plus hautes que ces échantillons , encore bien qu'elles soient posées de bout ou obliquement, résisteront beaucoup moins à la charge ; ce qui aura lieu, suivant l'article 7 , dans la raison inverse du quarré de leur longueur.

40.

On citera pour exemple, l'observation faite dans le mémoire des expériences de M. Gauthey, des colonnes gothiques de l'église de Toussaint d'Angers, qui n'ont que 11 pouces de diamètre sur 4 toises de hauteur, produisant 95 pouces quarrés, dont la partie des voûtes gothiques qu'elles supportent pese 42 milliers ; cequi réduit la compression de chaque pouce quarré à 442 livres ; mais chaque arbalétrier, des fermes de pierre de l'arche ne devant avoir qu'environ une toise de longueur, leur force se trouvera augmentée dans la raisson inverse du quarré d'une à quatre toises, ou de seize fois plus fortes.

41.

En multipliant les 442 livres par 16, on aura pour la compression que pourroient supporter les deux arbalétriers couplé jointivement, près du quadruple de la résistance de ces colonnes, en outre de ce qu'ils auront déjà eux-mêmes, comme on vient de le dire, près du triple de la force qui leur sera nécessaire pour porter la voûte projetée ; ce qui rend la totalité de leur résistance douze fois plus grande qu'il ne faut, en la comparant à celle de chacune des colonnes qui soutiennent la partie correspondante de la voûte gothique de l'église de Toussaint d'Angers.

42.

L'inspection seule des dessins doit faire connoître qu'il n'entrera pas dans la partie supérieure de l'arche que l'on propose, plus du tiers de la pierre de taille qui seroit nécessaire pour la faire avec des voussoirs que l'on auroit continué de poser de chaque côté, au-dessus de l'angle de

3o degrés, d'après l'usage que l'on a jusqu'à présent suivi ; que de plus, on suprimera presque entièrement la maçonnerie des reins, ainsi qu'un partie de celle des culées, dont l'épaisseur pourra être réduite du tiers ou du quart, à cause de la moindre poussée qu'auront ces sortes de voûtes.

43.

On croit que l'on pourra trouver dans beaucoup de carrieres, telle, par exemple, que celle de Saillantcourt, près Meulan, des pierres de dimensions convenables pour le projet proposé, et qu'on en trouvera également qui seront assez dures sans fils ou autres défauts, qui puissent être préjudiciables à la solidité.

44 *et dernier.*

Quand la pierre et le moëlon seront trop éloignés, on trouvera beaucoup d'avantage sur la dépense et le temps, à faire ces sortes de voûtes qui n'exigeront pas, ainsi qu'on l'a déjà dit, l'établissement des cintres de charpente, mais seulement les ponts provisionnels dont on ne peut se passer pour les différentes constructions des arches. Cependant jusqu'à ce que l'on ait acquis de l'expérience sur ce genre d'ouvrages, on ne pense pas que les ingénieurs doivent s'empresser de l'adopter par préférence aux constructions ordinaires, sur-tout lorsque la rareté, l'éloignement ou le prix des matériaux ne les obligeront pas d'avoir recours à l'économie qui en résulteroit pour les deux tiers de la partie supérieure de la voûte.

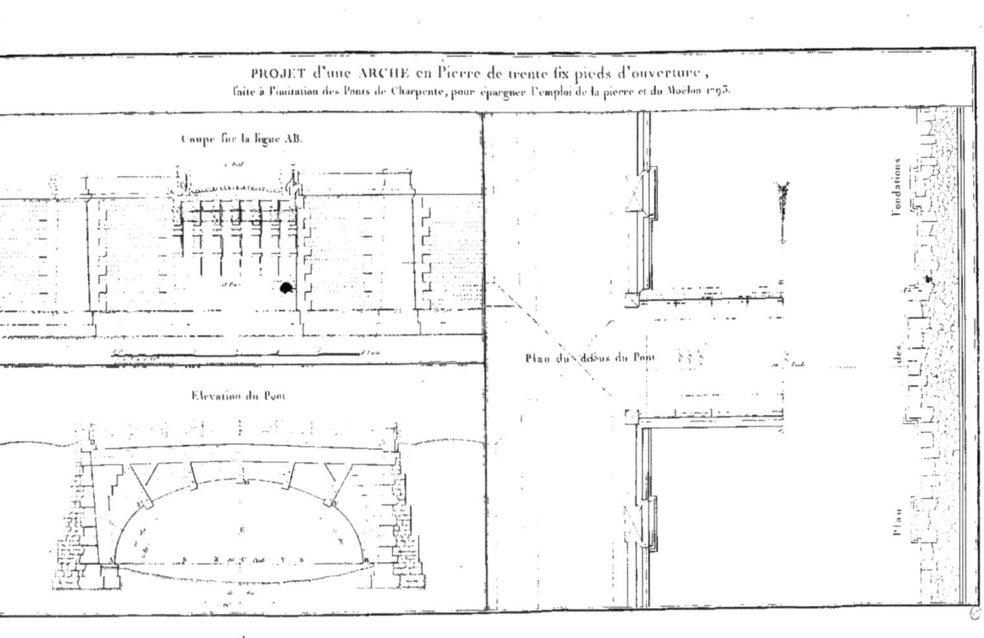

PROJET d'une ARCHE en Pierre de trente six pieds d'ouverture,
faite à l'imitation des Ponts de Charpente, pour épargner l'emploi de la pierre et du Moëlon 1793.
Coupe sur la ligne AB.
Elevation du Pont
Plan du dessous du Pont
Plan des Fondations

E T A T *du poids d'une demie-voûte d'une Arche de 36 pieds d'ouverture surbaissée au tiers , faite en pierre de taille , à l'imitation des Ponts de charpente.*

On commencera par faire le calcul d'une partie de la voûte correspondante verticalement à l'intervalle du milieu d'un ferme à l'autre , qui, sur 54 pouces de largeur , doit être portée par une seule ferme dont la force de résistance se trouve calculée dans le mémoire.

Pierre de taille.

Six cours d'arbalétriers jointifs, ayant ensemble 42 pieds de long et 30 pouces de hauteur sur un pied de largeur , produi- pie. po. li.
sent en cube, ci . . . . 105 » »
   Les deux premieres moises pendantes d'après la naissance de l'arche, ayant ensemble 12 pieds de longueur, 12 pouces d'épaisseur et 18 pouces de largeur , produisent . . . . . . 18 » »
   La moise pendante de la clef de 5 pieds de long, 15 poucesde large , et six pouces pour moitié de son épaisseur, produit, ci . 5 1 6
   Le cours d'asise du dessous de l'entablement jusqu'au corbeau le plus saillant de la culée, de seize pieds de long , 15pouc. de haut et 18 po. de large , produit , ci . . . . 50 » »
   Les six liens du dessous de cette assise d'entre la premiere moise pendante et celle de la clef, ont ensemble , 15 pids de long , 9 pouces de large et autant de haut, produisent, ci . 8 5 3
   Le cours d'assise servant de couronnement , de même largeur de 15 pieds , 18 pouces de large avec six pouces de saillie pour le profil, et 12 pouces de haut, compris six pouces de hauteur au-dessus de l'entablement pour recevoir la balustrade de fers, produit 59 4 6
   Les dalles de pierre tenant lieu de couchis de charpente , de même longueur de 15 pieds que les assises précédentes sur 2 pieds 10 pouces de longueur et 9 pouces de hauteur, produisent, 24 4 6
   Les especes de cloisons ou étrésillons pour entretenir les fermes dans leur position verticale dont deux au droit des premieres et secondes moises pendantes , et une troisieme à la clef qui sera commune avec l'autre demi-voûte . . . .
   La pierre qui sera posée sur les tirans, aura une longueur réduite pour deux étrésillons et demi de 7 pieds 8 pouces de large et 20 pouces de hauteur, produit, ci . . . . 8 4 »
       Total. 256 7 9

On n'a point compris dans les trois derniers articles une longueur de 5pieds jusqu'au né de la culée, qui, étant portée sur les encorbellemens, ne chargeront pas les arbalétriers.

De l'autre part.

Ces 256 pieds 7 pouces 9 lignes cubes de pierre étant supposés d'une dureté moyenne à celles qui ont été exposées à la compression dans les sept expériences mentionnées au mémoire, dont le poids réduit du pied cube a été trouvé de 156 livres, peseront . . . . 36,877 liv.

Fers.

Cinq partie des tirans de fer qui doivent traverser le pont ayant ensemble 15 pieds de long et 2 pouces de diametre, produiront 565 pouces cubes, qui peseront, à raison de 445 livres le pied cube du fer forgé, ou de cinq onces, 0 gros, 28 grains le pouce cube 2,963

5 Goujons et 8 crampons pesant 200

Il n'est pas nécessaire de donner ici le poids de la balustrade de fer, parceque les têtes des fermes ne devant être chargées que du côté intérieur, auront plus de force qu'il ne faut pour supporter le poids . . . .

Chaussée pavée.

$$\left\{\begin{array}{l}\text{Longueur} \quad . . . . \quad 15\,\text{pi. po.}\\ \text{Largeur} \quad . . . . \quad 2 \quad 10\\ \text{Hauteur réduite} \quad . . . . \quad 1 \quad 3\end{array}\right\} \quad 53 \text{ pi } 1^{\text{o}}. 6 \text{ li.}$$

Les 53 pieds 1 pouce 6 lignes, à raison de 150 livres le pied cube, peseront 7,968

On supposera qu'il pourroit se trouver à-la-fois quatre voitures chargées sur la moitié du pont d'un poids, chacune de 10,000 livres pour la partie dont sera chargée l'une des demifermes, produisant 5,714

Total du poids de la portion de la demi-voûte que doit supporter chacune des septs fermes . . . . 55,721 liv.

Nota. La charge de la totalité de la demi-voûte sera sur ce pied de 58,205 livres, non compris celle des voussoirs qui seront placés depuis la naissance de la culée jusqu'à la hauteur de l'angle de 30 degrés.

PROJET

D'un Pont d'une travée de charpente, de trente-six pieds, ouverte à son sommet, de dix pieds de largeur et sans clef.

Par le Citoyen **PERRONET**,

Premier ingénieur des Ponts et Chaussées de la République Françoise.

<hr>

A PARIS,

De l'Imprimerie, rue du Théâtre-François, n°. 4.

L'AN DEUXIÈME DE LA RÉPUBLIQUE FRANÇOISE.

PROJET

D'un Pont d'une travée de charpente, de trente-six pieds, ouverte à son sommet, de dix pieds de largeur et sans clef.

Article 1er.

IL est d'usage en tems de guerre de démolir le tout ou une partie des ponts qui peuvent faciliter la marche et l'approche de l'ennemi, lorsqu'il ne se trouve point comme aux places de guerre, des ponts à bascule qu'on puisse lever assez promptement pour empêcher l'entrée des troupes, qui tenteroient de surprendre ces places ; mais on a également intérêt de les arrêter dans leur marche au droit des autres ponts qui pourroient favoriser leur passage sur les rivières, ou sur des tranchées et ravines profondes, sans être obligé d'avoir recours à la démolition des ponts.

2.

C'est pour ce motif, et aussi afin de donner aux bateaux qui sont mâtés la facilité de leur navigation, sans qu'il soit besoin, comme cela est d'usage, de baisser les mâts au droit des ponts qui ne sont pas

A 2

(4)

assez élevés , qu'on a imaginé d'en faire sans clef ,
ayant au sommet de l'une des arches un passage que
l'on ouvriroit et fermeroit , au besoin , au moyen d'un
pont-levis ou tablier placé de niveau ; le tout étant
fait , comme on va l'expliquer, d'après le dessin gravé ,
ci-joint.

3.

Ce pont aura , ainsi qu'on l'a déjà dit , 36 pieds
d'ouverture ; sa largeur , d'une tête à l'autre , sera de
18 pieds que l'on réduira à 10 pieds au milieu pour
le passage du public ; ainsi qu'au droit du pont-levis.

4.

La hauteur du dessus du couchis de ce pont-levis
sera de 12 pieds , depuis la naissance de l'arche, sur
10 pieds de largeur.

5.

La travée de charpente , formant l'arche , sera composée de sept espèces de fermes , et chaque ferme de
deux jambes de force , figurant des arbalêtriers , posés
jointivement l'un sur l'autre , et de chaque côté de la
longueur du pont. Ces arbalêtriers auront chacun 23
pieds de longueur , 12 et 15 pouces de gros, et seront
encastrés de 6 pieds dans la maçonnerie de chaque
culée sur un angle faisant avec l'horizon 30 degrés.

(5)

6.

Les jambes de force du dessous formeront dans leur milieu une élévation triangulaire , d'un pouce de hauteur , et le cours supérieur sera recreusé d'autant en goutière pour les assujettir ensemble et empêcher l'eau de s'introduire dans le joint. On posera aussi deux clefs d'assemblage , de 2 pieds 6 pouces de longueur et 2 pouces d'épaisseur , formant un angle saillant d'un pouce au milieu de l'un des côtés avec un coin pour les serrer dans leurs mortoises et les entretenir dans le sens vertical , comme le premier des deux assemblages mentionnés ci-dessus , le fera horizontalement.

7.

Le premier arbalêtrier du dessous sortira du parement des culées , à 5 pieds de hauteur de la naissance de l'arche , et arrivera à environ 8 pieds de hauteur à l'autre bout où il sera coupé verticalement , ainsi que le cours supérieur et moisé de chaque côté à l'affleurement de sa coupure verticale.

8.

On posera d'équerre une pareille moise double sur le milieu de la longueur de l'arbalêtrier du dessous qui aura 9 pieds de long et un pied de grosseur en quarré , pour embrasser les poutrelles du pont avec lesquelles et les jambes de force , elles seront fortement assemblées par entaille et en bizot. La moise verticale n'aura que 3 pouces de longueur sur même grosseur d'un pied en quarré , comme la précédente ; elles seront toutes deux retenues avec doubles moises horizontales , haut et bas , chacune de 8 pouces de hauteur et 12 pouces de largeur , boulonnées entr'elles , de même que les moises pendantes avec les jambes de force à chacun de leurs bouts , et la plus longue moise avec la poutrelle de dessus. Les boulons auront 2 pouces de diamètre.

9.

A 3 pieds 6 pouces du-bout d'en bas des plus longues moises , on placera des décharges de 5 pieds de longueur , sur 8 à 9 pouces de grosseur , assemblées par le bas à 3 pouces au-dessus des jambes de force supérieures dans les longues moises pendantes , et par le haut sur les poutrelles avec embrevement à chaque bout.

10.

En construisant les culées de maçonnerie , on placera trois cours d'assise de pierre de taille , formant chacune corbeaux d'un pied de saillie l'un sur l'autre , pour diminuer d'autant la portée des poutrelles qui sont posées sur ces corbeaux et se trouveront engagées d'un pied dans la maçonnerie, ainsi que cela est figuré sur le dessin. Ces poutrelles auront 13 pieds de long, sur un pied de grosseur en quarré, et seront posées en pente à raison d'un demi-pouce par pied.

11.

On posera quatre cours de pièces de pont de chaque côté de la travée, chacun de 8 pouces de grosseur en quarré et entaillés de 3 pouces au droit de chaque poutrelle, qui le seront elles-mêmes d'un pouce par le dessus pour y assembler ces pièces de pont.

12.

Chaque cours de pièces de pont excédera de 2 pieds le parement extérieur des poutrelles de rive, pour recevoir les liens pendants qui soutiendront les potelets des garde-fols.

13.

Le pont sera ensuite recouvert d'un cours de couchis jointifs de 4 pouces d'épaisseur, et d'un autre aussi en recouvrement des joints du cours inférieur sur 2 pouces d'épaisseur, jusqu'à 3 pouces au-delà de l'arrasement du parement des poutrelles de rive. Ces couchis seront retenus l'un sur l'autre , et aussi sur les poutrelles avec chevilles barbées à tête perdue dans l'épaisseur du bois ; elles seront de longueur et grosseur convenables , en observant d'en placer deux sur la largeur de chaque couchis qui sera de 7 à 8 pouces.

14.

Avant de placer les couchis , on aura l'attention d'élever et assembler sur les deux premiers cours de poutrelles , situés de chaque côté de la tête du pont , les poteaux des assemblages de charpente dont on va parler ci-après , qui doivent servir à mouvoir le pont-levis , et de différer également la pose des garde-fols.

15.

On élevera verticalement de chaque côté de la moitié du pont , quatre poteaux de 12 pieds de haut et de 9 pouces de grosseur en quarré , dont deux seront assemblés à tenons et mortoises sur les poutrelles de rive , à 6 pieds de distance , de milieu en milieu , et deux pareils sur les poutrelles suivantes.

16.

Ces poteaux seront coëffés , d'un et d'autre côté , avec chapeaux de 8 et 9 pouces de grosseur , assemblés à mi-bois et à queue d'hironde , en observant
de

de faire d'une seule longueur de 18 pieds ceux qui seront placés perpendiculairement aux têtes du pont.

17.

On posera des croix de St. André entre les poteaux verticaux parallèlement aux têtes du pont et d'autres horizontalement, sur 7 pieds de longueur seulement pour entretenir les chapeaux qui traverseront toute la largeur du pont. Les bois de ces croix de Saint-André auront 6 à 7 pouces de grosseur en quarré ; ils seront assemblés à mi-bois à leur rencontre , ainsi qu'à tenons et mortoises embrevés et chevillés à leurs bouts.

18.

Pour empêcher le déversement des poteaux verticaux , on contre-buttera chacun de ceux qui sont situés du côté de la culée , d'une pièce de 12 pieds de longueur, assemblée par bas à tenons et mortoises dans les poutrelles ; et par le haut dans chaque poteau à la hauteur du sommet des croix de Saint-André correspondantes. Cette pièce aura 8 à 9 pouces de grosseur.

19.

Les poutrelles du tablier servant de pont-levis seront assemblées solidement dans une espèce de sommier , de 15 pouces de grosseur en quarré , arrondi dans son milieu et à chaque bout en forme de tourillon , portant un axe horizontal de fer de 2 pieds et demi de long et 2 pouces de diamètre.

20.

Les bouts de cette pièce seront frétés , chacun de deux cercles de fer.

21.

Ces axes de fer seront bien tournés et porteront sur des paliers de cuivre que l'on encastrera au milieu du bout d'en haut de chaque moise verticale , et le sommier sera soulagé dans le milieu de sa longueur par un pareil palier , placé 5 pouces plus bas que les paliers précédens pour soutenir la partie cylindrique.

22.

L'autre bout des mêmes poutrelles du tablier sera aussi assemblé solidement dans une pièce de 18 pieds de longueur, sur 10 pouces de large et 12 pouces de haut; tous les assemblages seront entretenus fortement à chaque bout de ces poutrelles avec des brides de fer , et on placera de fortes équerres aussi en fer à chaque angle du tablier , le tout encastré dans le bois et retenu avec boulons.

(11)

23.

Pour mieux entretenir entr'elles ces poutrelles , on posera sur le tablier de fausses pièces de pont de 8 pouces de grosseur en quarré en forme de croix de Saint-André , assemblées à mi-bois dans leur milieu et à queue d'hirondelle à leur bout ; elles seront en-taillées au droit de chaque poutrelle et chevillées comme les pièces de pont , mentionnées ci-devant , doivent l'être sur les autres poutrelles.

24.

Ce tablier reposera , étant ouvert, sur des semelles de 12 pouces de large et 6 pouces de hauteur qui serviront de chapeaux aux petites moises verticales correspondantes : il sera fixé à la hauteur du dessus du couchis avec un fort verrou posé à chaque bout.

25.

On placera une roue de 3 pieds de diamètre avec gorge au milieu de son épaisseur , dont l'axe passera à environ 9 pieds du dessus des couchis contre les poteaux verticaux , qui auront été élevés de chaque côté de la largeur du pont près de l'ouverture de son milieu.

26.

La chaîne qui doit servir à lever le pont , étant

arrêtée par un crampon dans la pièce qui recevra l'assemblage de chaque côté et au-delà du tablier , passera sur la roue mentionnée ci-devant , et sera arrêtée de l'autre bout à la circonférence d'un treuil de 8 pouces de diamètre , dont l'axe en fer de 18 lignes de grosseur se trouvera fixé à 3 pieds de hauteur du dessus du couchis contre le côté extérieur des deux poteaux verticaux , qui correspondront de part et d'autre du pont à ceux portant les roues dont il est ci-devant parlé.

27.

On achevera ensuite de poser les potelets et les lisses des garde-fols , et d'en fixer la hauteur à 2 pieds 9 pouces au-dessus des couchis.

28.

Pour tenir lieu des garde-fols au droit et de chaque côté du tablier , on posera une chaîne qui sera attachée d'un bout à 3 pieds de hauteur avec un crampon contre le poteau vertical correspondant , et de l'autre au haut d'un montant de fer aussi vertical de 3 pieds de longueur , que l'on fixera solidement de chaque côté sur les couchis du tablier , et cette chaîne sera enlevée avec le pont.

29.

Ce genre de construction exigeant de la légéreté,
on n'y placera en bois de chêne que les jambes de
force , les moises pendantes doubles , le sommier sur
lequel doit se mouvoir le tablier , les roues , les
parties de treuils qui feront agir la chaîne, le deuxième
rang de couchis du dessus posés en recouvrement ,
les pièces de pont et les garde-fols dont les bois étant
les plus foibles ont aussi besoin d'être plus durables;
tous les autres bois seront en sapin qui pèse ordinairement un tiers moins que le bois de chêne.

30.

Le pont étant levé, on le fixera aux deux poteaux
verticaux contre lesquels il viendra s'appliquer , avec
un boulon de fer de 3 pieds de long et 18 lignes de
gros , qui sera taraudé au bout intérieur ; on y placera un écrou et une rondelle en fer, que l'on serrera
fortement avec une clef. Cet écrou sera recouvert d'une
plaque de fer cadenassée , pour empêcher que l'on
puisse baisser le pont sans nécessité.

31.

On va présentement donner le calcul du poids du
tablier et celui de la force qu'il sera nécessaire d'employer pour le lever.

32.

BOIS DE SAPIN.

5 poutrelles , chacune de 12 pieds de long , compris leur assemblage et 12 pouces de grosseur en quarré , produit en cube , ... 60 pi.   p.

La pièce du bout du tablier de 18 pieds de long , 10 et 12 pouces de gros , ci. 15

Le premier rang de couchis de 10 pieds de long et 11 pieds de large , sur 4 pouces d'épaisseur , produit ci.   36   8 p.

111 pi. 8 p.

Les 111 pieds 8 pouces cubes , à 40 liv. le pied cube , en le supposant sec , tel qu'il est aisé d'en trouver. . . . . . .   4,466 liv.

BOIS DE CHÊNE.

Le deuxième rang des couchis posé en recouvrement sur le premier , de 10 pieds de long et 11 pieds de large sur 2 pouces d'épaisseur , produit. . . . .   18 pi. 4 p.

Deux espèces de pièces de pont du dessous des poutrelles , chacune de 14 pieds de long et 8 pouces de grosseur en quarré , produit   12   3

30 pi. 7 p.

Les 30 pieds 7 pouces cubes à 65 liv. le pied cube , poids moyen , en supposant le bois encore vert , produit. . .   1,987 liv.

6,453 liv.

Ci-contre. . . . . 6,453 liv.

Liens , équerres , boulons et chevillettes de fer , poids évalué en total à . . . . 150 liv,

Nota. On ne compte point ici le poids du sommier de bois de chêne, parce qu'il est en équilibre sur ses tourillons.

Total du poids du tablier. . . . . 6,603 liv.

33.

Si la puissance agissoit perpendiculairement à chaque bout du tablier , il suffiroit qu'elle fût égale à ce poids de 6,603 liv. ; mais à cause de l'obliquité de la direction de la chaîne qui doit former un angle de 50 degrés avec le tablier , lorsqu'il est descendu , cette force est augmentée en raison du sinus de cet angle qui est de 65,605 au sinus total de 100,000 , ou à peu près du tiers : ce qui l'élèvera à 8,800 liv. ; mais à cause des frottemens, il conviendra d'augmenter encore le tout du tiers , d'après les expériences du citoyen Amontons ; ce qui donne 11,733 liv. , dont la moitié pour la machine qui sera appliquée de chaque côté du tablier , doit faire évaluer cette force à 5,866 liv.

34.

On propose une espèce de cric, dont la manivelle de 15 pouces de coude porteroit un pignon de trois ailes , engrenant dans une roue dentée de 3 pieds

6 pouces de diamètre, qui seroit fixée à l'axe d'un treuil de 8 pouces de diamètre, portant la chaîne du pont et tenant lieu dans le cric de la crémailler verticale, que l'on applique par l'une de ses extrémités recoudée, au poids que l'on veut lever.

35.

Au moyen de cette machine, il suffiroit d'appliquer quatre hommes à chacune des deux manivelles pour commencer à lever le pont, après avoir retiré les verroux qui doivent le fixer dans sa position horizontale ; et cette force diminuera continuellement à mesure qu'on l'élèvera jusqu'à ce qu'il soit arrivé dans sa position verticale.

36.

Il est facile de voir d'après cet énoncé, qu'en supposant 84 dents à la roue, la manivelle fera 28 tours pour chacun de ceux du treuil qui portera la chaîne, dont la circonférence étant à peu près de 2 pieds, exprimera la vîtesse du poids, pendant que celle de la puissance le sera par les 28 tours de la manivelle produisant 112 pieds, ce qui est 56 fois moins que celle du poids.

37.

L'effort qu'aura à faire chacun des quatre hommes

en

en commençant à lever le tablier, sera pour lors à peu près de 25 livres ; et c'est la force qu'on est dans l'usage de leur attribuer pour le mouvement des manivelles avec une vîtesse qui est au moins de vingt tours par minute : et le pont se trouvera levé en moins de huit minutes , parce que la chaîne n'aura pas 16 pieds de longueur , depuis le crampon auquel elle sera attachée au pont, jusques à la roue du haut des poteaux montans qui doit la renvoyer sur chaque treuil.

38.

Il est présentement convenable d'examiner le poids que les jambes de force doublées auront à porter, afin de connoître si elles se trouveront assez fortes pour la charge que chacune d'elles aura à supporter.

39.

CALCUL DE CE POIDS.

BOIS DE SAPIN.

La partie de chaque poutrelle située au-delà de la saillie des corbeaux de pierre , aura 15 pieds de longueur et un pied en quarré de grosseur, produit en cube. . . . 15 pi. o p.

15 pi. o p.

C.

De l'autre part. . . . . 15 pi. o p.

La partie du premier rang des couchis de même longueur de 15 pieds , sur 3 pieds de large et 4 pouces d'épaisseur , produit. 15

Pour les 8 pouces dont il excédera le milieu de la poutrelle de rive. 3 9

Deux poteaux verticaux sur chacun des deux premiers rangs de poutrelles de part et d'autre du pont , ayant ensemble 24 pieds de long depuis le dessus d'une seule poutrelle , et 9 pouces en quarré , produit en cube. 13 6

Une croix de Saint-André , composée de deux pièces , chacune de 7 pieds de long sur 6 à 7 pouces de grosseur , ci. 8 2

La pièce qui doit contrebutter le déversement des poteaux verticaux de 12 pieds de long sur 8 à 9 pouces de gros , produit en cube. 6

Les chapeaux du dessus et en retour des poteaux verticaux de 12 pieds de long sur 8 à 9 pouces de gros , produit. 6

67 pi. 5 p.

A 40 livres le pied cube , produit. . . . . 2,690 liv.

BOIS DE CHÊNE.

Les deux nobles moises pendantes et verticales , ayant ensemble 12 pieds de long , 24 pouces de large et 12 pouces d'épaisseur , produit en cube. . . . . 24 pi. o p.

24 pi. o p.   2,690 liv.

(19)

<table>
<tr><td>Ci-contre. . . . .</td><td>24 pi. 0 p.</td><td>2,690 liv.</td></tr>
</table>

Une décharge sous la poutrelle de 6 pieds de long , compris assemblage sur 8 à 9 pouces , produit en cube. 3

Les quatre doubles moises horizontales qui doivent embrasser chaque bout des moises pendantes , auront ensemble 27 pieds de longueur , sur 8 et 12 pouces de grosseur , produisant. 18

Les parties des quatre pièces de pont avec 2 pieds de saillie au-delà de leur parement extérieur , auront ensemble 20 pieds de longueur , sur 8 pouces en quarré , et produiront en cube. 8   9

La partie du sommier qui doit porter le tablier de 15 pouces de grosseur en quarré , produit. 6   4

Le cours du deuxième couchis joint de 15 pieds de long , 3 pieds de large et 2 pouces d'épaisseur , produiront en cube. . . . 7   6

Nota. Ce cours de couchis et celui de sapin auront 8 pouces de longueur de plus , ce qui produira pour celui de chêne un supplément d'environ 2 pieds cubes. 2

3 poteaux de garde-fols avec leurs liens pendants sur les pièces de pont , ayant ensemble 30 pieds de long , sur 7 et 8 pouces de grosseur , produit 12

Deux cours de lisse , ensemble de même longueur de 30 pieds et pareille grosseur réduite de 7 à 8 pouces 12

93 pi. 7 p.

Les 93 pieds 7 pouces cubes à 65 liv. le pied , poids réduit, donnent, ci . . . . 6,088 liv.

8,778 liv.

C 2

De l'autre part. . . . . 8,778 liv.

Le poids des chevillettes barbées des deux cours de couchis est évalué avec celui d'une partie de la chaîne, des petits treuils et de la roue qui doivent servir à lever le pont à 200

Le poids du tablier, suivant le calcul précédent, est de 6,603 liv., qu'il conviendra de partager entre les sept cours de jambes de force doublées qui doivent composer la moitié du pont lorsqu'il sera levé, ce qui produira pour chaque cours le huitième de ce poids, ou à peu près 825 liv., ci.   825

Nota. Lorsque le pont sera baissé, son poids se trouvera de moitié pour ses jambes de force, étant pour lors partagé également avec celle de l'autre moitié du pont.

On supposera qu'il pourra se trouver sur chaque moitié de la longueur du pont une voiture chargée du poids de dix milliers excédant de près du double celui d'une pièce de canon de vingt-quatre livres de balle, pesant 5,400 liv. que l'on voudroit y faire passer en place de cette voiture. Ce poids est à partager également entre les sept cours de jambes de force, ce qui produira pour chacun environ.   1,427 liv.

T o t a l de la charge de chaque cours des jambes de force pour l'un des côtés du pont. . . . . 11,230 liv.

Calcul de la résistance des jambes de force doublées pour chaque côté de la longueur du pont.

40.

D'après les expériences faites l'année dernière par le citoyen Varennes-Fénille pour comparer la force

des différentes espèces de bois , en y employant des
pièces qui avoient toutes 2 pouces de grosseur en
quarré et 7 pieds 8 pouces de longueur ; lesdites expériences rapportées dans le premier tome de ses mémoires sur l'administration forestière , page 293 , il a
reconnu qu'une pièce de bois de chêne engagée très-
solidement , de 8 pouces , dans un gros mur , laquelle
pesoit 11 livres 7 onces 6 gros ; ce qui donne à peu
près 54 liv. pour le pied cube , parce qu'elle étoit
presque sèche , s'est rompue à sa jonction contre le
mur, étant chargée à son autre extrémité sous un poids
de 185 liv. et demie , et à un angle de 12 degrés sous
une ligne horizontale. Il auroit fallu un plus grand
poids si le bois eût été vert , comme on l'employe ordinairement aux ponts , et qu'il eût pesé 65 liv. le pied
cube , ainsi qu'on l'a supposé dans les calculs précédens. Cependant nous partirons de cette expérience
qui devient favorable à la solidité pour établir la résistance des jambes de force du pont , et nous rédui-
rons aussi ce poids au quart , faisant 46 liv. trois
quarts , afin que les bois ne puissent pas plier sensiblement , vu qu'ils sont à découvert et exposés à de plus
fortes charges que ceux des bâtimens dont on se con-
tente de réduire à moitié , comme M. de Buffon le
conseille , la charge qu'il est nécessaire d'employer
pour les rompre.

41.

Présentement pour connoître le poids que pourroient porter à leur extrémité les jambes de force doublées du pont, qui auront 15 pieds de longueur,
d'après le nud des culées dans lesquelles elles se trouveront engagées de 6 pieds, sur 30 pouces de hauteur
et 22 pouces de largeur, si l'on en fait le calcul
d'après le précepte de Galilée, adopté par Buffon,
et autres méchaniciens célèbres, en supposant ces pièces
posées horizontalement sur deux points d'appui ; suivant lequel précepte la résistance des différens corps
doit se faire dans la raison du quarré de leur hauteur
par leur largeur et l'inverse de leur longueur ; on
connoîtra qu'une pareille pièce qui n'auroit que
2 pouces en quarré, pourra porter à son extrémité,
sans être exposée à se rompre ni à plier sensiblement,
un poids de 22 livres, en négligeant la fraction, et
qu'il faudra charger le bout de chaque jambe de force
couplée de 29,700 liv. pour produire le même effet ;
ce qui porte sa résistance à près du triple du poids de
11,242 liv., dont on suppose que les jambes de force
doivent être chargées à leur bout.

42.

Buffon a reconnu avec Bernoully que cette règle

convenant aux solides qui seroient absolument in-
flexibles et romproient tout-à-coup , devenoit diffé-
rente pour les bois à cause de leur élasticité, et que
la diminution opérée sur la longueur des pièces doit
se faire en plus grande raison que celle donnée par
la règle de Galilée : mais cela n'influe point sur les
calculs que l'on vient d'adopter, vu que la résistance
du bois sera encore beaucoup plus grande qu'il n'est
nécessaire pour l'effort qu'il aura à soutenir.

43.

On doit aussi remarquer en faveur de l'augmenta-
tion de résistance des jambes de force :

1°. Qu'elles doivent être fortifiées aux deux cinquièmes de leur longueur , en partant de chacune des
culées par une grande double moise pendante , figurée
sur le dessin , assemblée et boulonnée au bout d'en
bas à ses jambes de force ; et par le bout opposé avec
une poutrelle du pont joignant la saillie du dernier
corbeau de pierre : ce qui réduira en quelque sorte
aux trois cinquièmes leur longueur et les fortifiera
à peu près dans le rapport de 3 à 5 de la résistance
que l'on vient de leur attribuer.

2°. Que le poids que devra supporter chaque jambe
de force se trouvera distribué sur toute sa longueur ,
au lieu d'être , comme on l'a supposé dans le calcul

précédent , réuni à son extrémité , et que pour cette seule considération la jambe de force sera encore soulagée de la moitié de sa charge.

3°. Qu'elle sera aussi fortifiée par son inclinaison de 30 degrés, en raison du sinus de cet angle, au sinus total , ou dans le rapport de 1 à 2, qui est celui de ces sinus : parce que , dans le calcul que l'on a fait, on a supposé qu'elle seroit placée horizontalement , situation qui est la plus foible qu'elle puisse avoir pour résister à une charge qui agiroit dans une direction verticale et perpendiculaire à la longueur des fibres.

Et 4°. Qu'on a encore supposé dans ces calculs que le pont seroit levé , et que les jambes de force se trouveroient pour lors chargées de tout son poids ; au lieu qu'étant baissée, la moitié du poids de ce pont et de la charge qui y passera , se trouvera partagée également avec la résistance des jambes de force qui sont situées du côté opposé , comme on l'a dit ci-devant.

44.

Les jambes de force peuvent au surplus être considérées comme autant de ressorts engagés par l'un de leurs bouts , qui soutiendroient par l'autre bout une charge beaucoup plus considérable que celle du pont projetté , et des voitures ou pièces d'artillerie que l'on

y

y feroit passer. Il sera seulement susceptible , à cause de l'élasticité du bois et de la nature des ressorts , de s'affaisser un peu lors du passage des voitures , comme le font des poutrelles des grandes travées de charpente , semblables à celles du pont de Kell , établi sur le Rhin à Strasbourg , lesquelles sont en sapin.

Les observations précédentes peuvent donner la plus grande confiance sur la solidité de ce pont.

45.

Il nous reste encore à examiner la force des poutrelles de bois de sapin , d'environ 10 pieds de longueur et 12 pouces de grosseur en quarré , qui doivent être employées au pont et à son tablier.

46.

On peut conclure d'après les expériences de M. de Buffon , rapportées dans les mémoires de l'académie des sciences , année 1741 , page 333 , faites sur une pièce de bois de chêne de 10 pieds de longueur et de 8 pouces de grosseur en quarré , qu'elle pourra porter , en la réduisant au quart , un poids de 23,414 liv. étant chargée dans son milieu et posée horizontalement sur deux points d'appui , sans être fixée à ses bouts , pour qu'elle ne soit pas exposée à se rompre.

D

47.

On sait aussi d'après les expériences qui ont été faites par MM. Buffon et Parent , que le bois de sapin qui pèse moins que le chêne, est cependant plus fort d'un cinquième pour porter que ce dernier : ce qui élèvera à 28,496 livres les 23,414 livres trouvées ci-dessus , au lieu de 11,242 livres , dont chaque poutrelle, doit être chargée moyennement , ainsi que les jambes de force doublées, mentionnées ci-devant.

48.

A l'égard des doubles cours de couchis qui auront ensemble 6 pouces d'épaisseur et moins de 3 pieds de longueur , entre les poutrelles de milieu en milieu , il est aisé d'appercevoir que leur résistance sera encore plus grande que celle des poutrelles.

49.

On pense qu'il y aura aussi moyen de construire ce pont en pierre , lorsqu'on pourra employer aux jambes de force du granit , du marbre , ou autres pierres semblables de la plus grande dureté , et qu'elles seront d'un seul quartier sur toute la longueur , l'épaisseur et la hauteur de chaque jambe de force , pour ne pas être obligé de les doubler comme celle de charpente. Alors il conviendra de faire les couchis en bois, ainsi que le pont-levis et la charpente qui doit servir à sa manœuvre ; à l'égard des garde-fols, on les posera en fer forgé.

50.

Cette construction que l'on croit praticable dans les endroits où l'on trouvera les différentes natures de pierres qui viennent d'être désignées , procurera la même utilité que le pont de charpente, et satisfera également aux avantages essentiels que l'on s'est proposés par le présent mémoire.

Paris , le 20 nivose de l'an 2ᵉ. de la République Française une et indivisible.

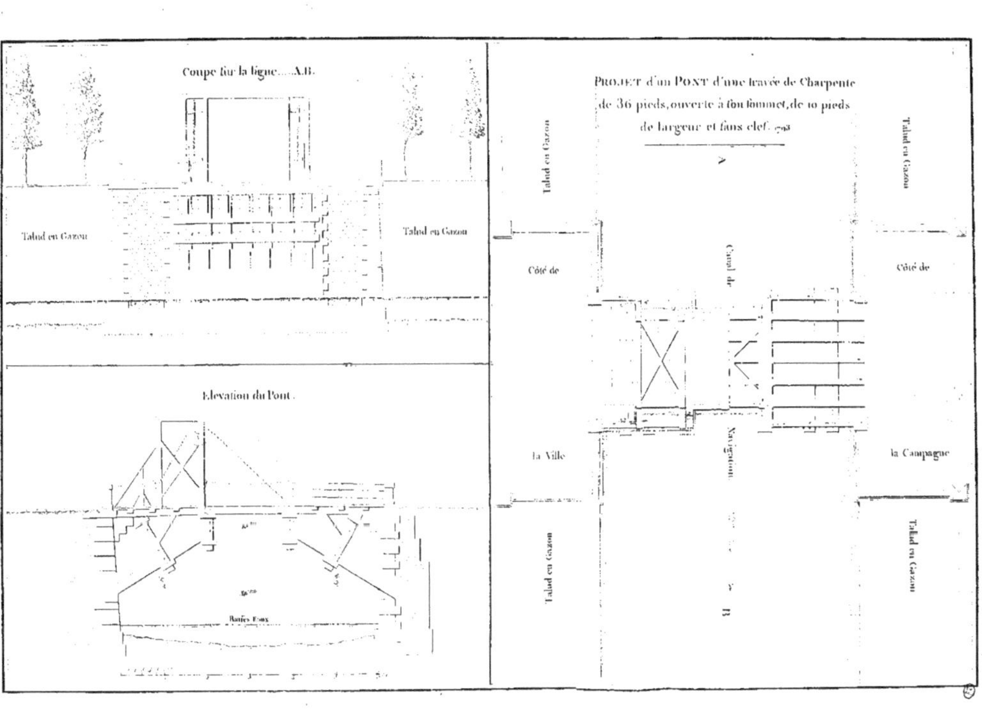

Coupe fur la ligne.....A.B.
Talud en Gazon
Talud en Gazon
Elevation du Pont.
Baffes Eaux
Projet d'un Pont d'une travée de Charpente
de 36 pieds, ouverte à fon fommet, de 10 pieds
de largeur et fans clef. 593
Talud en Gazon
Talud en Gazon
Côté de
Côté de
la Ville
la Campagne
Canal de Navigation
Talud en Gazon
Talud en Gazon